Papeterie Bleu

SPARGI GENTILEZZA

e amore in giro

COMO SE

fossero

Coriandoli

LIBRO DA COLORARE MOTIVAZIONALE PER ADULTI

Vuoi ricevere degli omaggi?
Mandaci un'email a freebies@pbleu.com

@papeteriebleu

Papeterie Bleu

Acquista gli altri nostri libri su
www.pbleu.com/it

Distribuzione tramite Ingram Content Group
www.ingramcontent.com/publishers/distribution/wholesale

Domande e Servizio Clienti, Mandaci un'email a
support@pbleu.com

SCARICA IL PDF
GRATUITO DI QUESTO LIBRO

Prima il dovere e poi il piacere

Brilla COME I GLITTER e spumeggia COME lo champagne

Goditi LE COSE semplici

www.pbleu.com/confetti

CODICE DI DOWNLOAD: DLD4323

@papeteriebleu

Papeterie Bleu

Sii felice

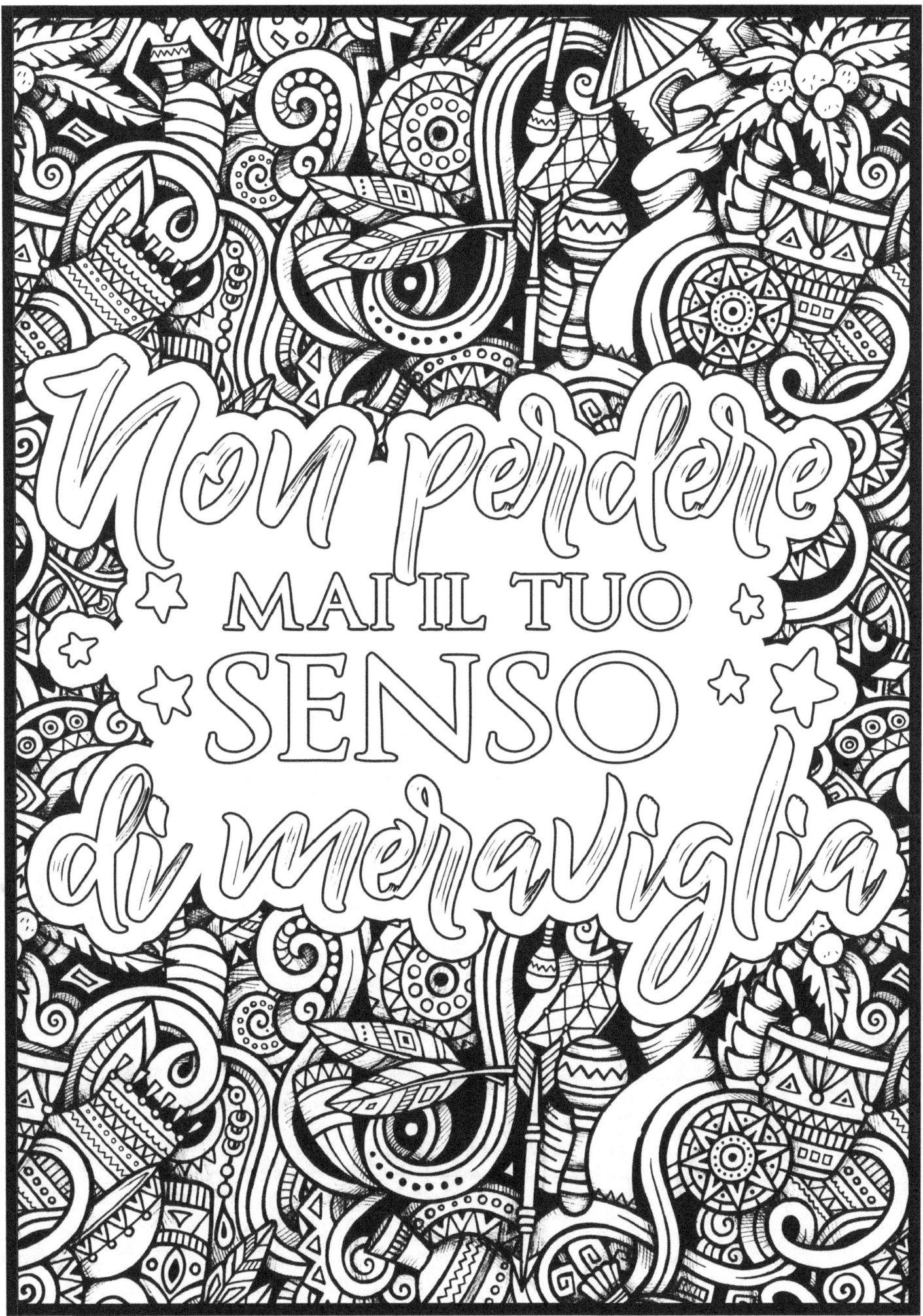

Non perdere MAI IL TUO SENSO di meraviglia

Brilla come il sole

Svegliati e sorridi

Lascia
UN PO' DI SCINTILLIO
ovunque
TU VADA

ABBI coraggio e sii gentile

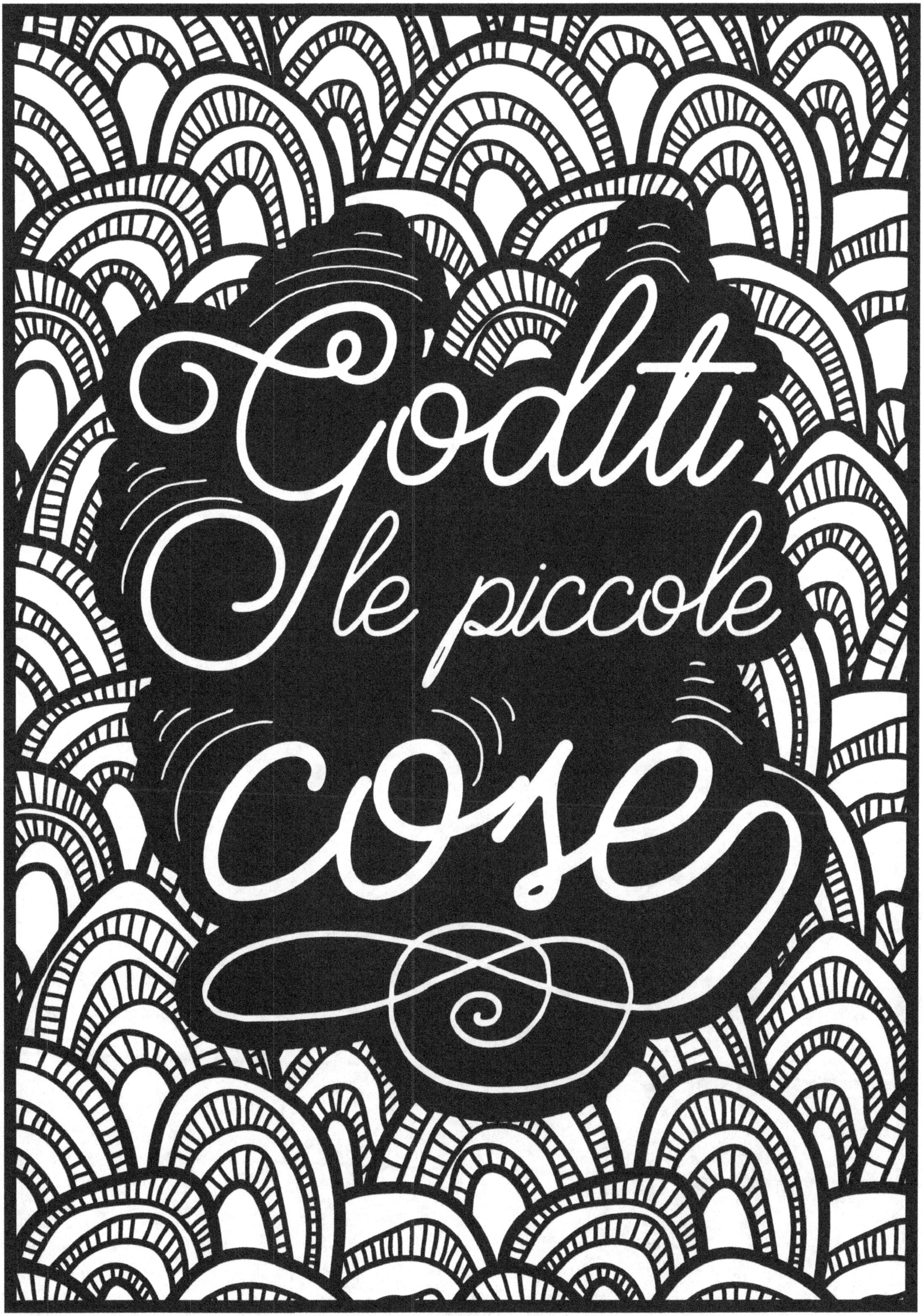
Goditi
le piccole
cose

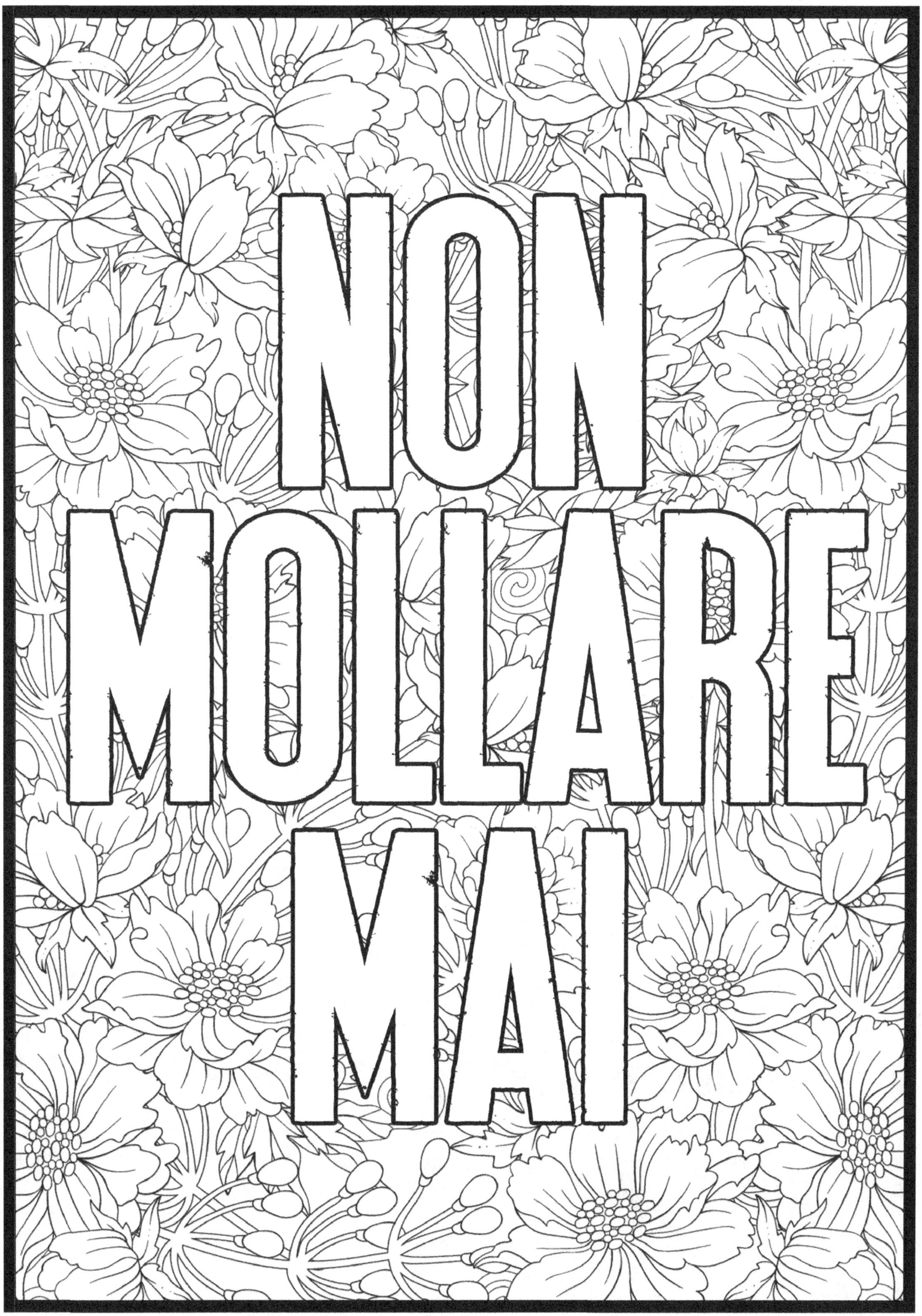
NON
MOLLARE
MAI

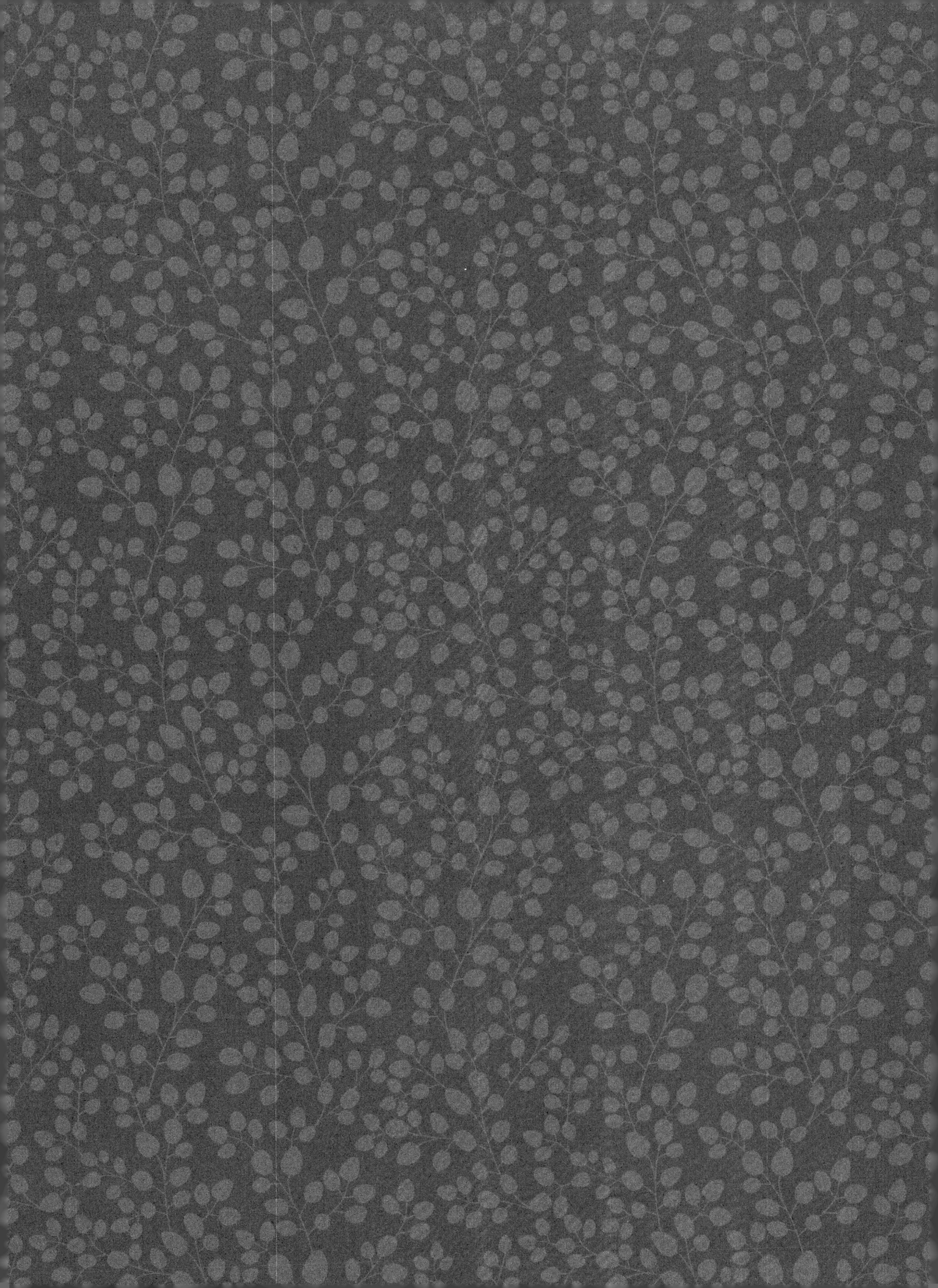

Sii bella a modo tuo

TROVA la bellezza NELLE PICCOLE cose

SII LA Ragione PER CUI qualcuno OGGI sorriderà

LASCIA che la vita TI SORPRENDA

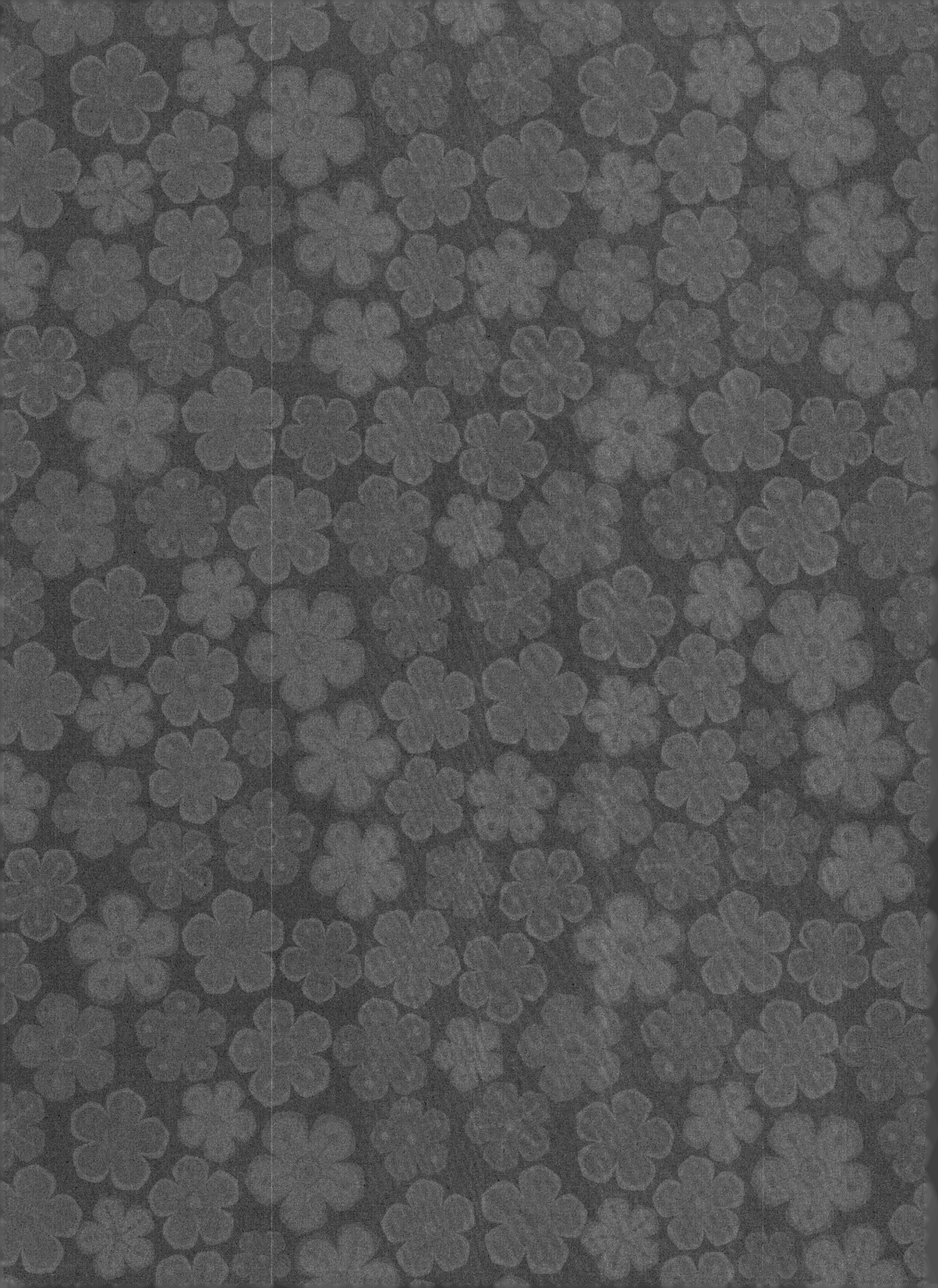

OGNI GIORNO È UN NUOVO INIZIO

I SOGNI

non si avverano

SE NON CI

credi

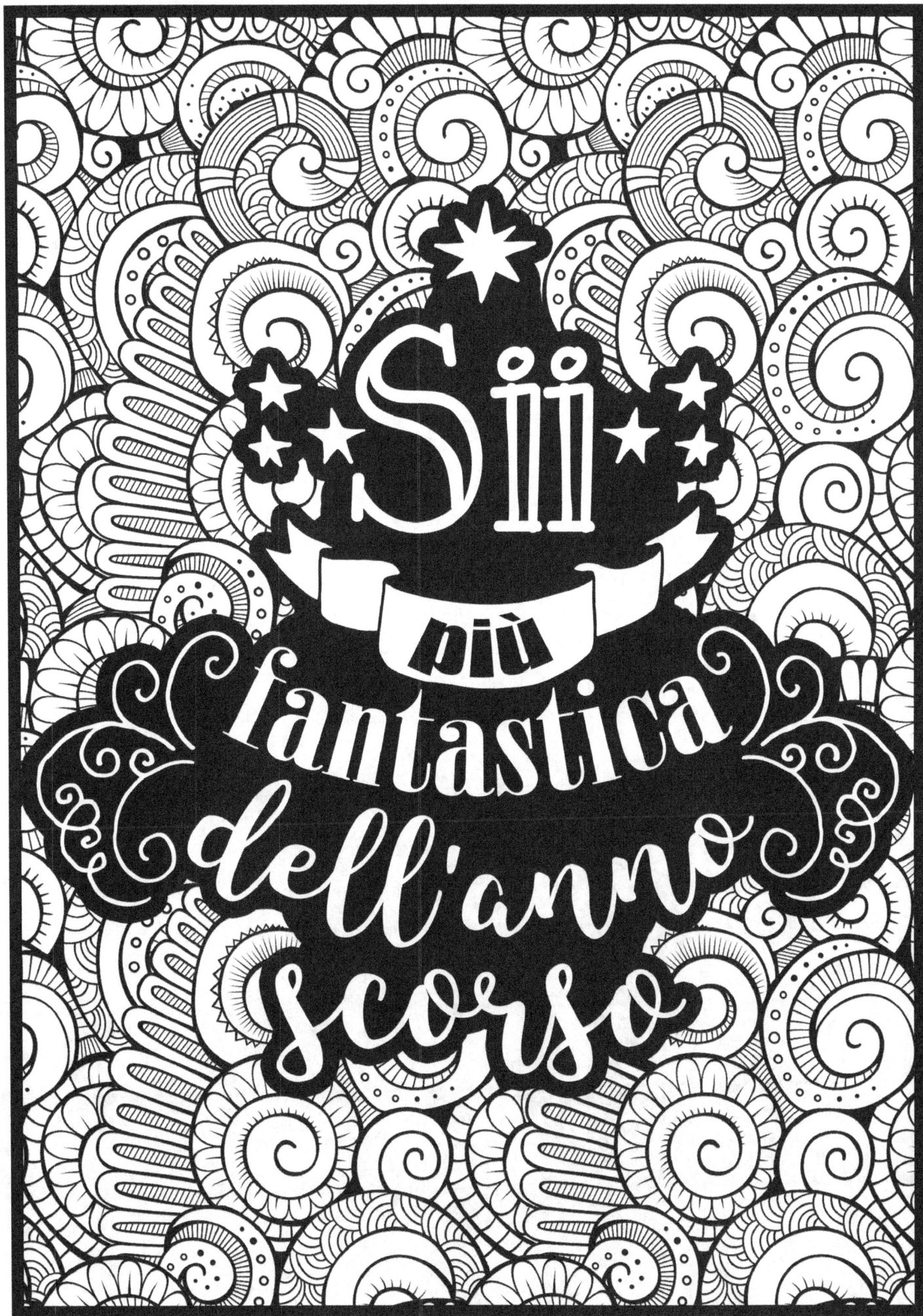

Sii più fantastica dell'anno scorso

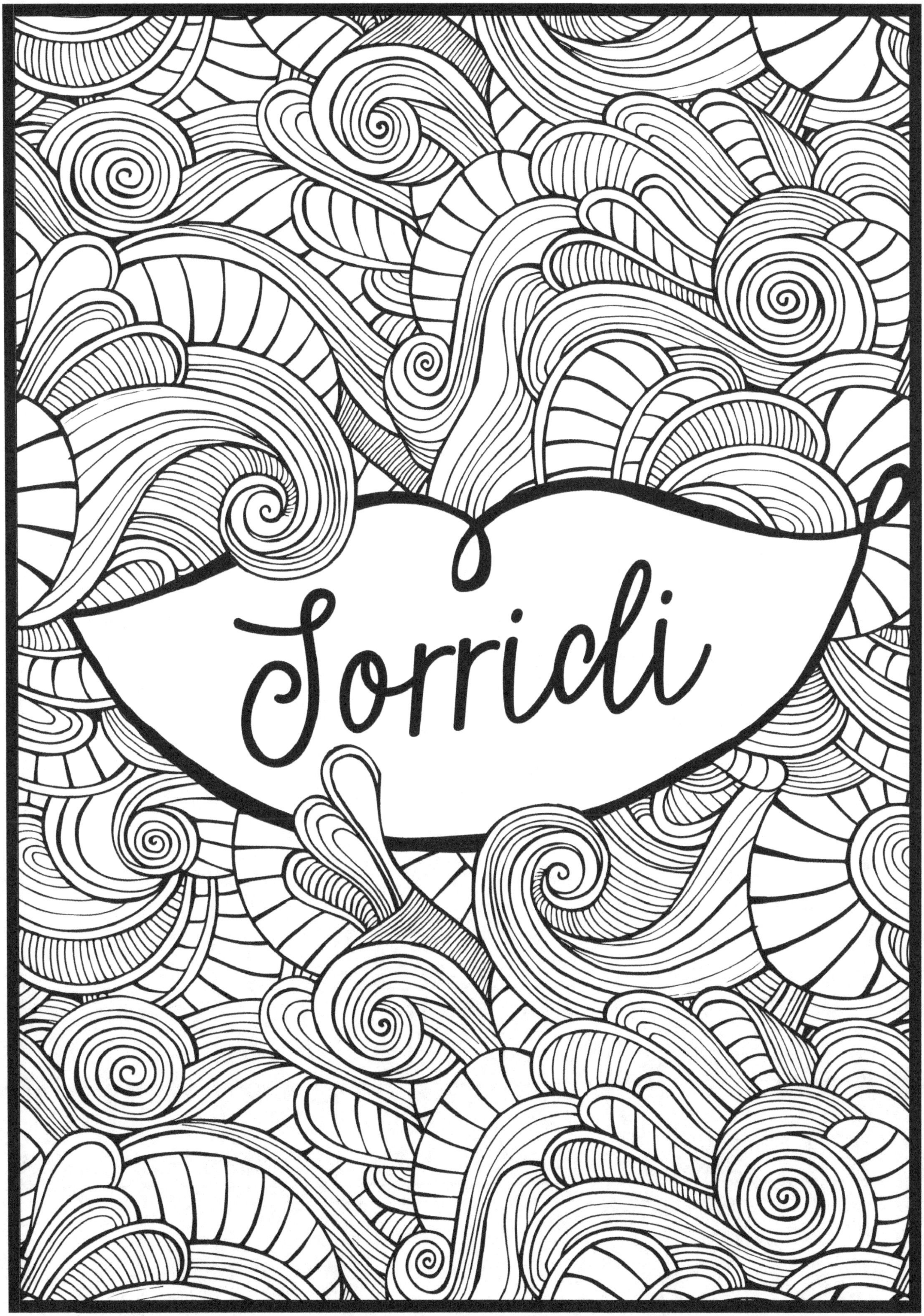
Sorridi

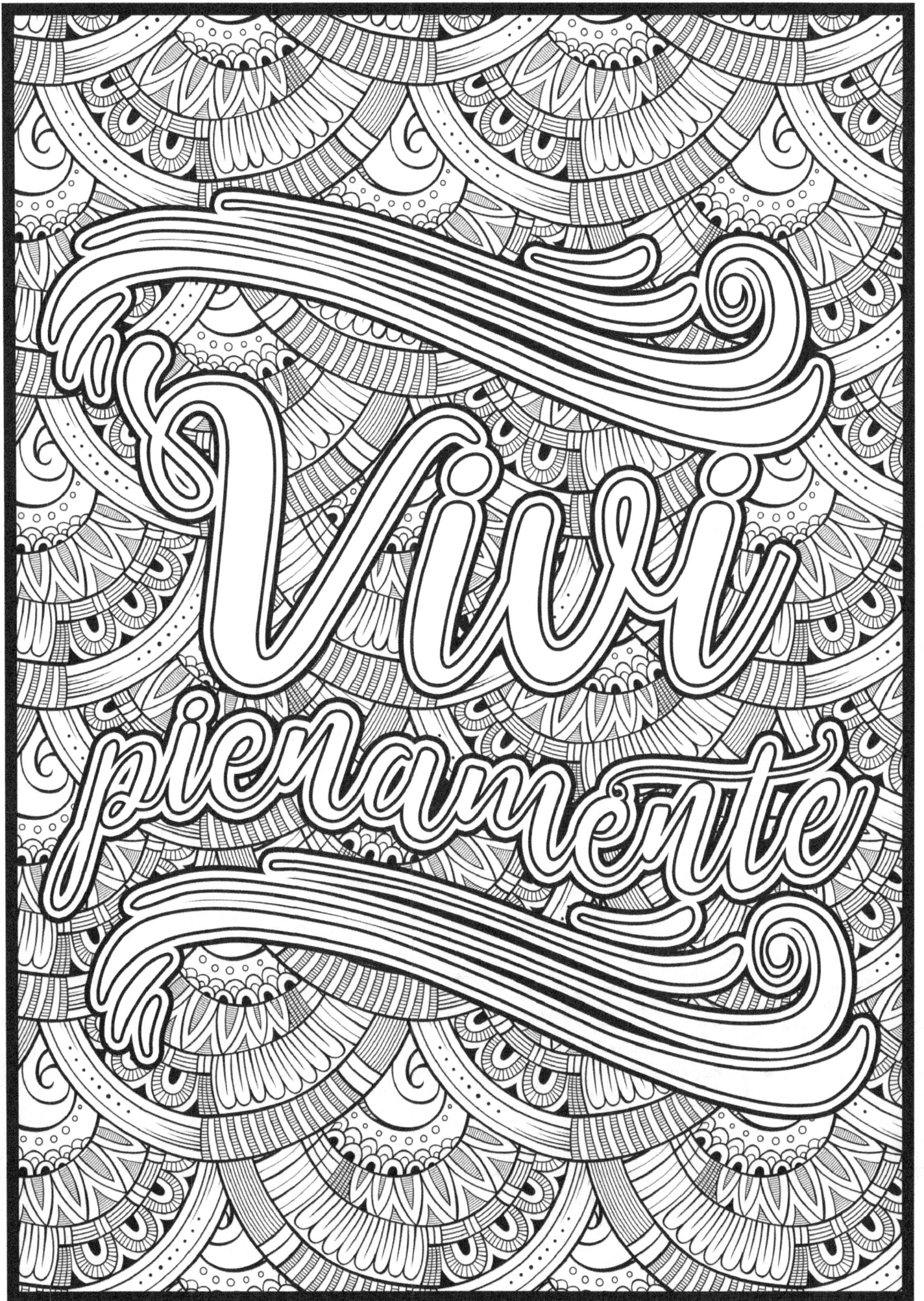

Ama di più, preoccupati di meno

Esplora il tuo pieno POTENZIALE

NON SMETTERE MAI DI ANDARE avanti

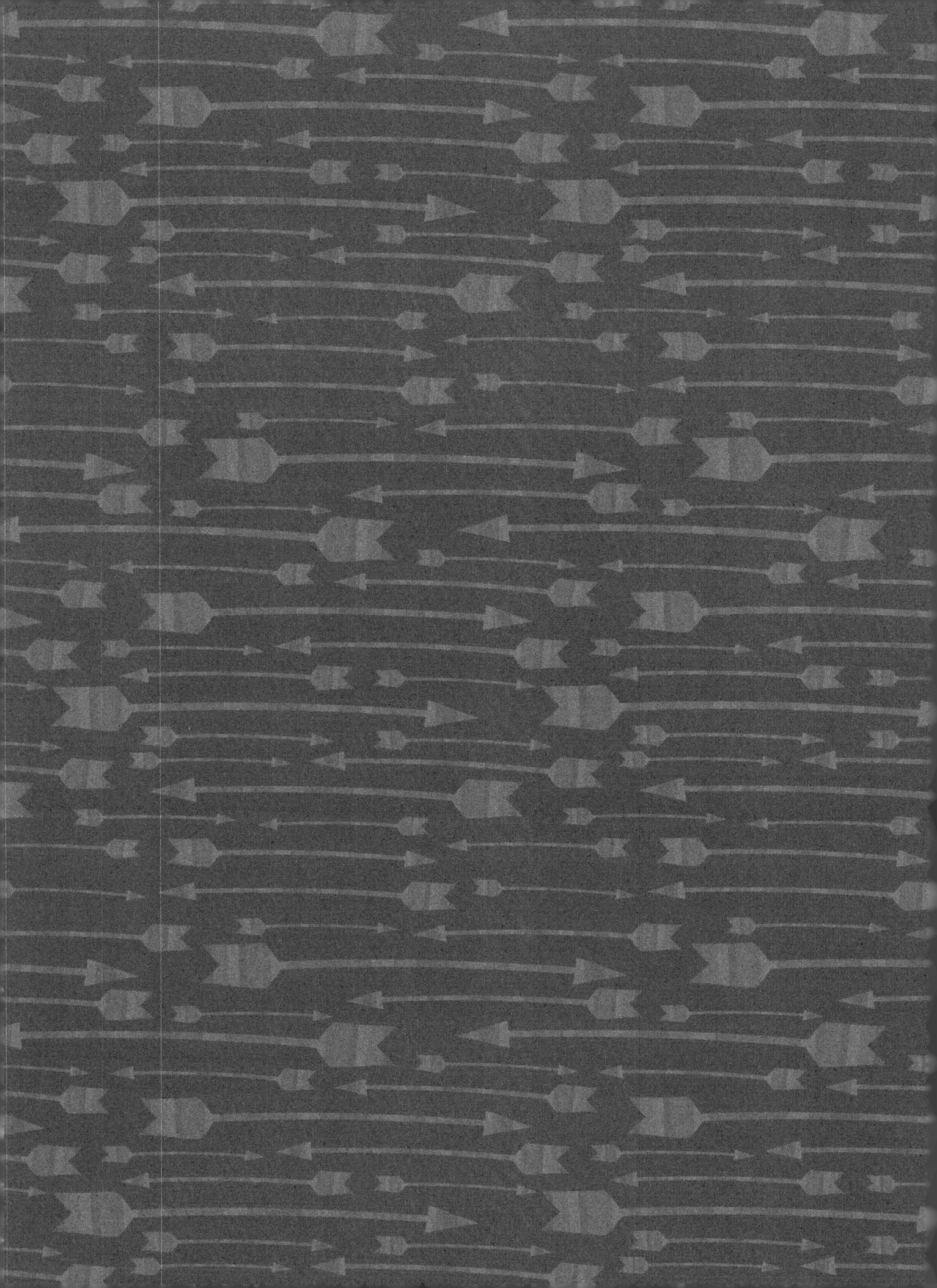

VIVI il momento

Investi sempre in te stesso

Il meglio deve ancora venire

Sii
PIÙ FORTE
della tua scusa
PIÙ FORTE

Crea la tua felicità

Goditi LA VITA semplice

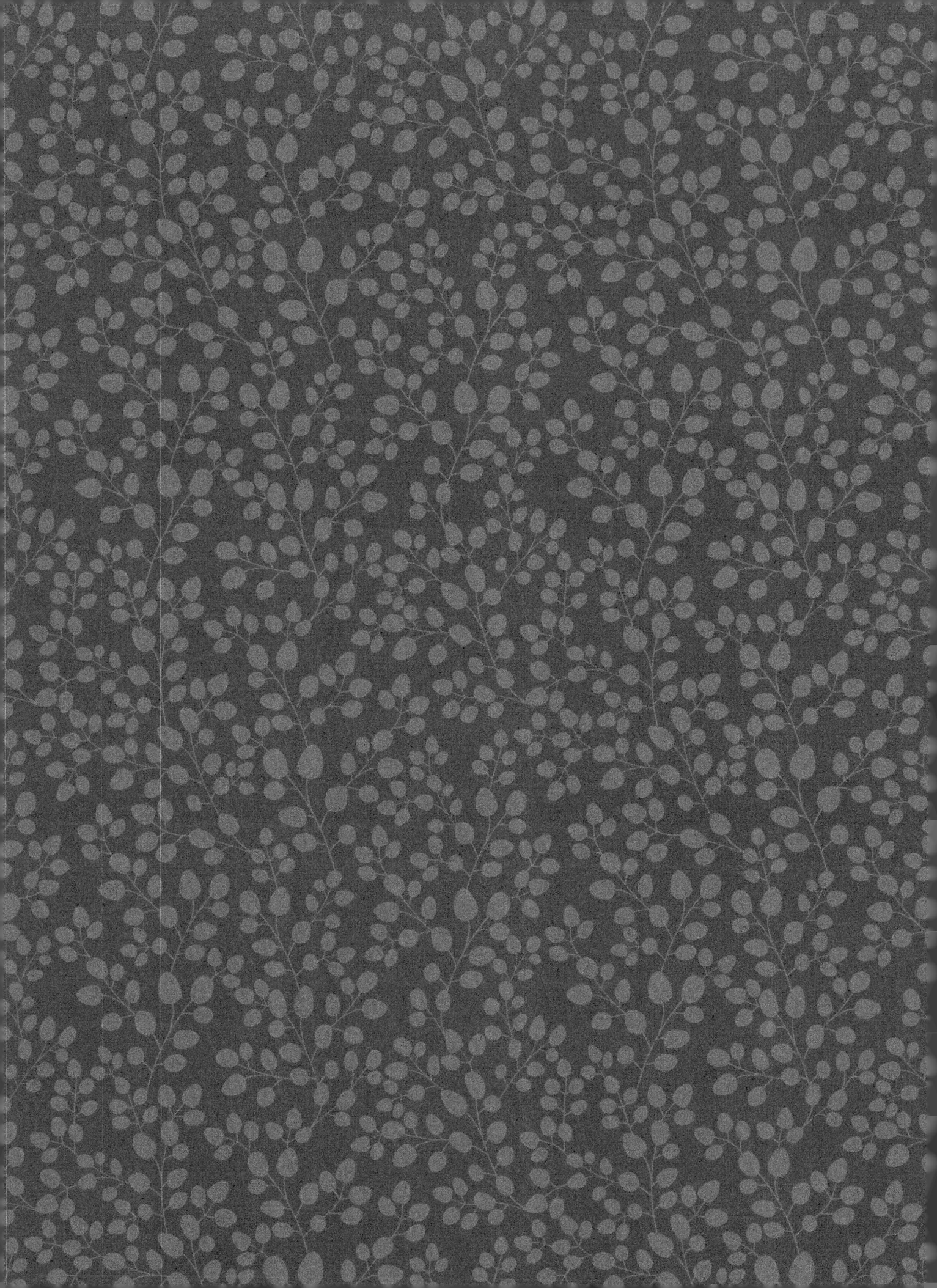

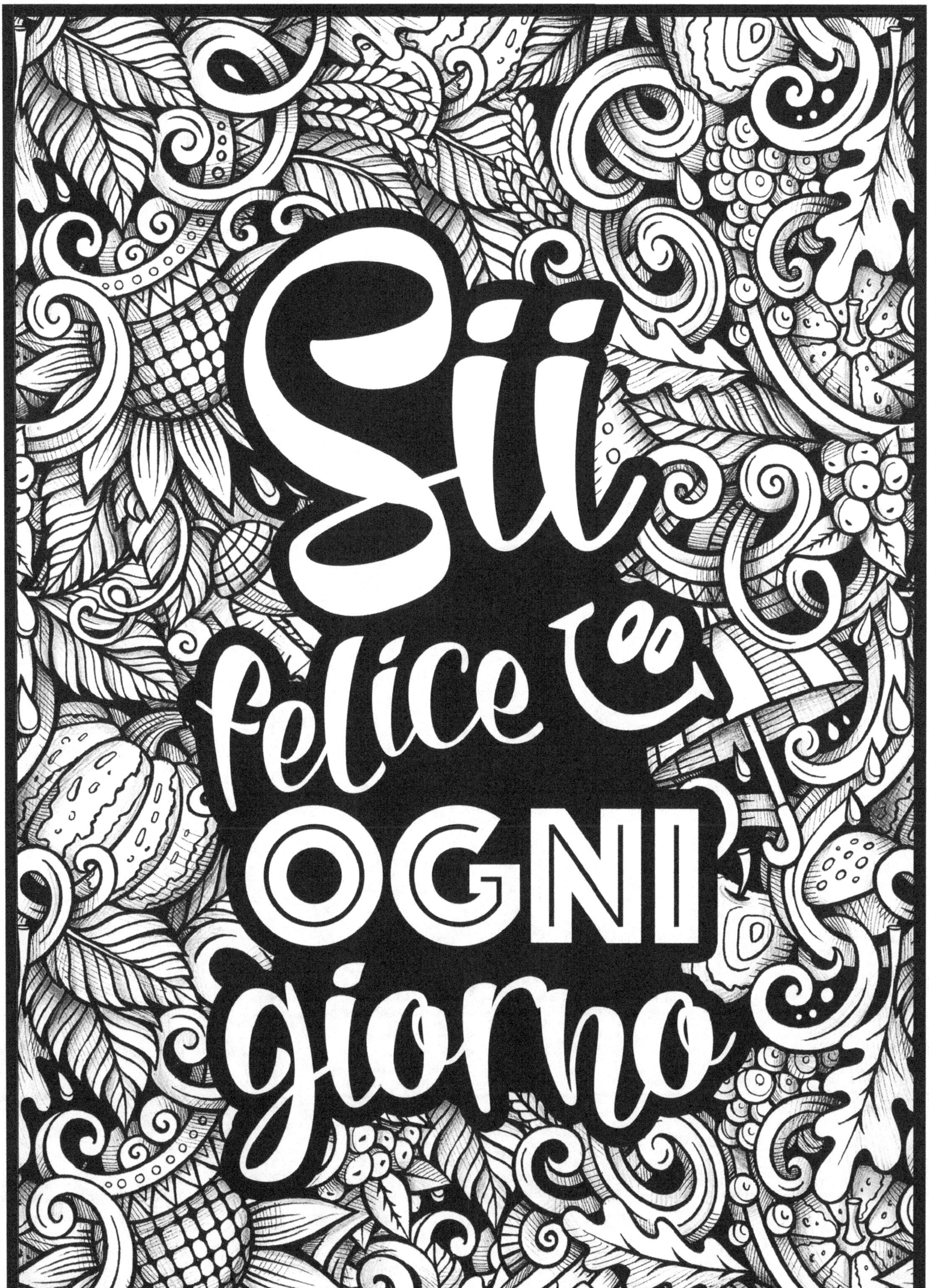
Sii
felice
OGNI
giorno

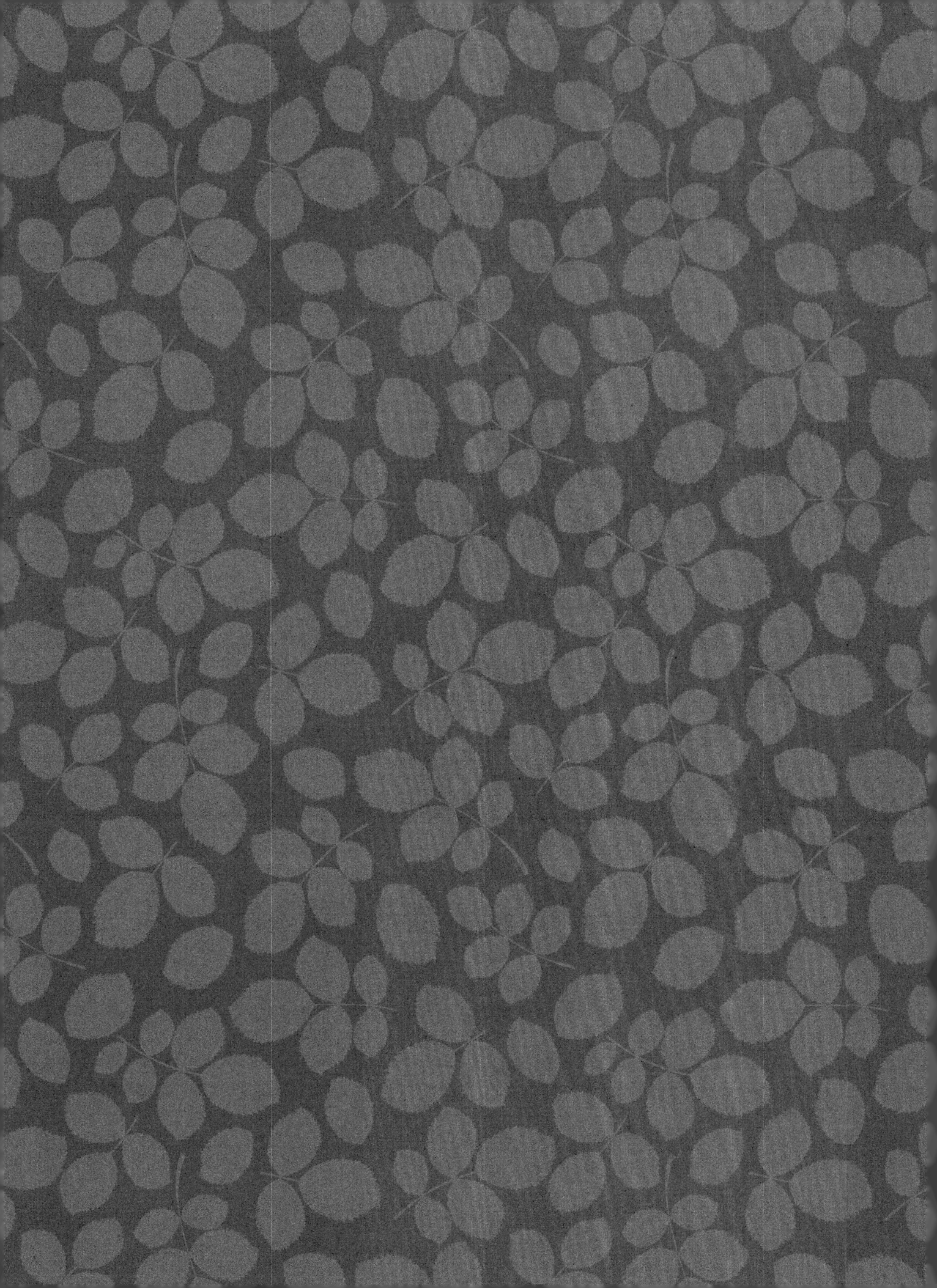

IMPEGNATI PER REALIZZARE I TUOI SOGNI

Ispira gli altri ogni giorno

sii MIGLIORE che mai

Ci sono così tanti motivi per essere felice

SORRIDI di più, PREOCCUPATI di meno

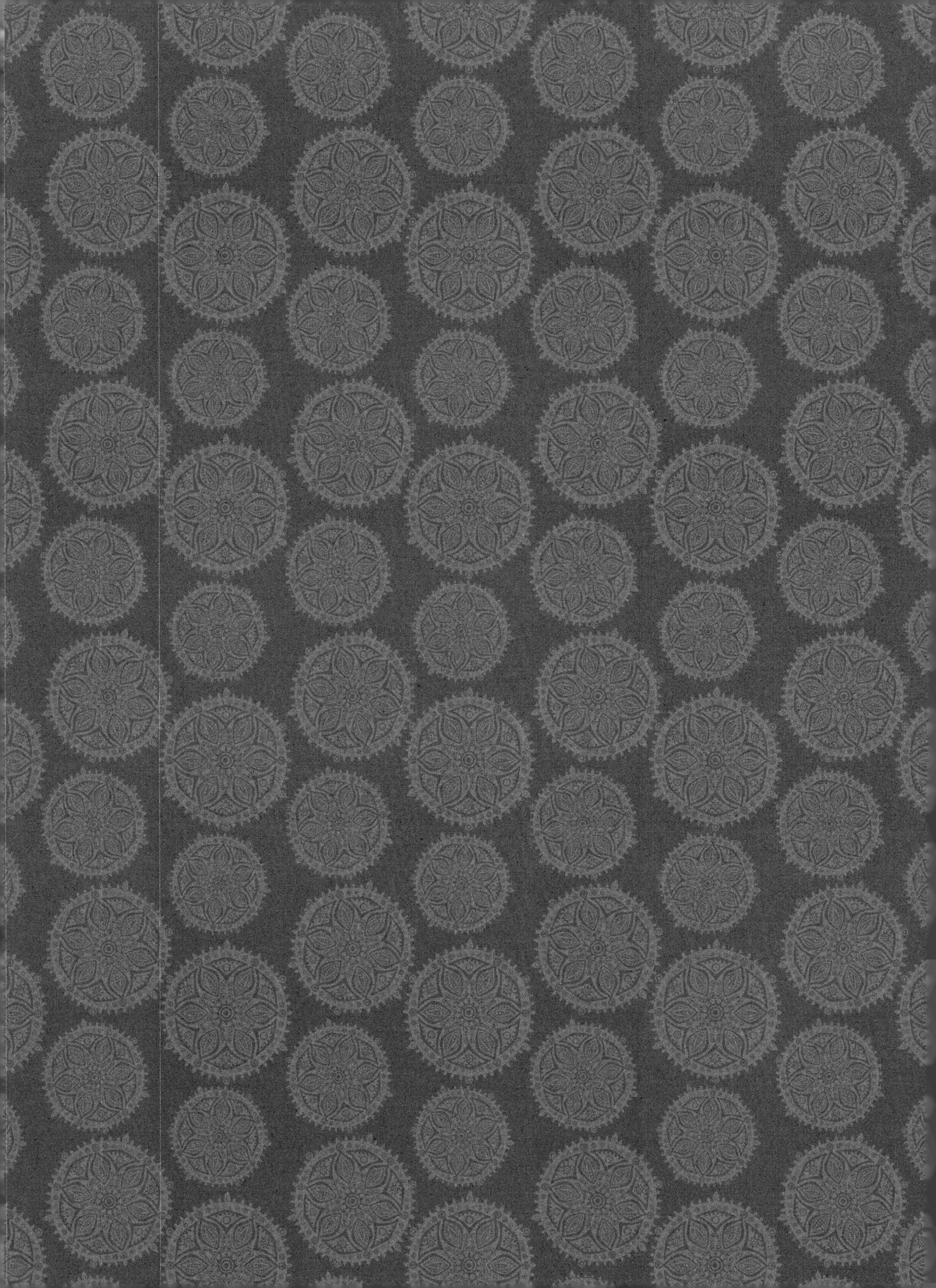

NON CAMBIARE MAI E SII FELICE

Sei il mio raggio di sole

Vita
la vita
al massimo

SPARGI

gentilezza

e amore in giro
come se fossero

coriandoli

SCARICA IL PDF
GRATUITO DI QUESTO LIBRO

www.pbleu.com/confetti
CODICE DI DOWNLOAD: DLD4323

@papeteriebleu

Papeterie Bleu

Vuoi ricevere degli omaggi?
Mandaci un'email a freebies@pbleu.com

@papeteriebleu

Papeterie Bleu

Acquista gli altri nostri libri su
www.pbleu.com/it

Distribuzione tramite Ingram Content Group
www.ingramcontent.com/publishers/distribution/wholesale

Domande e Servizio Clienti, Mandaci un'email a
support@pbleu.com

Made in the USA
Las Vegas, NV
18 June 2024